PATRICE CONTAMINE DE LATOUR

LA BARONNIE
ET LES
PREMIERS BARONS
DE CONTAMINE-SUR-ARVE

LOUIS BESSE
ÉDITEUR
94, Avenue Parmentier, 94
PARIS

LA BARONNIE

ET LES PREMIERS BARONS

DE CONTAMINE-SUR-ARVE

PATRICE CONTAMINE DE LATOUR

LA BARONNIE

ET LES

PREMIERS BARONS

DE CONTAMINE-SUR-ARVE

LOUIS BESSE
ÉDITEUR
94, Avenue Parmentier, 94
PARIS

LA BARONNIE
ET LES PREMIERS BARONS
DE CONTAMINE-SUR-ARVE

Contamine-sur-Arve est une des nombreuses localités de la vieille terre savoisienne dont l'histoire n'a pas été écrite. Elle n'a point de monographie complète. Si les travaux de Bouchage et de Lavanchy ont à peu près élucidé son passé religieux, il n'en est pas de même de son passé politique qui reste ignoré, surtout dans la période du moyen âge. Les documents qui auraient pu jeter quelque lumière sur ce point ont été depuis longtemps détruits dans les pillages, les incendies et les bouleversements de toute sorte, et ceux qui restent sont dispersés dans des archives où leur recherche et leur mise en ordre exigeraient un travail presque impossible à mener à bien sans la collaboration du hasard. Tout ce que l'on sait avec certitude c'est que Contamine faisait partie de l'ancien mandement de Faucigny et possédait un château dont il ne reste plus de ruines, mais dont l'existence a été confirmée à plusieurs reprises, jusqu'au commencement du XIXe siècle, par divers actes et divers auteurs.

Qu'était-ce que ce château et à qui appartenait-il ? D'après les renseignements que nous avons pu recueillir au cours de nos recherches il s'agit d'une « Maison Forte », c'est-à-dire d'une construction militaire carrée et flanquée de tours à ses angles, comme celles qu'habitaient les barons, châtelains ou capitaines chargés de convoquer les nobles et les habitants et de les enrôler en temps de guerre. Du reste, dans les actes italiens des anciennes archives piémontaises, il est désigné sous la dénomination de *Casa forte*. Quant à ses possesseurs ils n'étaient autres que les barons de Contamine, dont la généalogie a été dressée en 1833 par M. J.-M. Régis, maître-auditeur et archiviste en chef de la Royale Chambre des Comptes de Turin et publiée par Laîné, dans les *Archives de la Noblesse de France.*

* * *

D'après ce que l'on est amené à déduire de ce travail, la terre de Contamine-sur-Arve aurait été érigée en sirerie ou baronnie feudataire de la haute baronnie de Faucigny, à une époque reculée, qui semble pouvoir être fixée à celle du partage du sol de la Savoie entre les compagnons de Humbert aux Blanches-Mains. L'étymologie même du nom, *Cum dominium*, adoptée par Du Cange et la majorité des linguistes, démontre qu'il s'agissait d'une terre allodiale, c'est-à-dire libérée de toute charge et appartenant en propre à son bénéficiaire. Une autre particularité semble confirmer cette hypothèse : on sait que lorsque les comtes de Savoie changèrent l'aigle de leurs armes pour la croix qui figure encore sur l'écu de la maison royale d'Italie, ils accordèrent aux chefs des vingt-sept familles les plus anciennes et les plus illustres de leurs États le droit de porter ces mêmes armes avec une variante. Les barons de Contamine prirent : *de gueules à la croix fleurdelysée d'argent* et conservèrent les aigles comme support, ce qui pourrait indiquer un puissant lien moral avec les princes souverains. Plusieurs généalogistes ont même conclu de ce fait qu'il devait exister entre eux quelqu'alliance familiale ; mais, si flatteuse que soit cette opinion nous devons dire que rien encore n'est venu la corroborer.

Il existe, dans les archives de Me Vigier, notaire à Paris, successeur de Me Perrin, un autre document concernant les barons de Contamine, et que nous avons eu entre les mains. C'est un procès-verbal de description de titres, dans lequel se trouvent collationnés et reproduits de nombreux fragments de papiers de famille, appartenant jadis au général baron et au général vicomte de Contamine, et qui furent déchirés et en partie brûlés, le 30 mars 1814, dans le pillage de la maison de ces deux officiers par les Cosaques, ainsi qu'en fait foi un certificat du maire de Neuilly-sur-Seine, en date du 14 février 1827.

D'après ce document et la généalogie de J.-M. Régis, on peut établir ainsi la liste des barons effectifs de Contamine-sur-Arve, de père en fils :

1º JEHAN, « dont on n'a que le nom », dit l'archiviste en chef turinois. Cependant il ajoute qu'il vivait de 1080 à 1110 et que l'on tient, par une tradition constante, qu'il fit partie de la première croisade. C'est de son vivant que fut édifié, en 1084, par les Bénédictins de l'Abbaye de Cluny, le prieuré de Sainte-Marie, que remplaça au XIIIᵉ siècle un autre prieuré, dont il ne reste d'ailleurs que l'église. Lui même remplaçait, toujours suivant J.-M. Régis, une ancienne église du même nom, qui aurait été saccagée en l'an 900. Mais c'est encore là un point sur lequel on ne possède aucune certitude.

2º HUMBERT, « *dict le vieil chevalier pour ce qu'il vesquit longuement, et il est le plus ancien du nom de qui soit faict mémoire, ce qui n'empesche qu'il soit d'antique gentillesse... et fuct autant homme sage et loyal en la paix comme valeureux chevalier en la guerre...* » Ainsi s'exprime le procès-verbal de description de titres. Régis le considère comme ayant pris part à la deuxième croisade en 1147, avec les troupes du comte Amé II de Savoie, qui s'était joint à Louis-le-Jeune. « Il leva derechef sa bannière en 1190, dit-il encore, pour suivre en Palestine Philippe-Auguste, roi de France. Au retour de cette expédition, il mourut dans sa terre de Contamine, vers l'an 1220, âgé de plus de cent ans. »

3º STÉPHAN (ou Étienne), « *dict... voulant à dire le Maulvois Gars, cependant que son père alloit guerroyant oultremer... néanmoins advint-il par suite...* » L'autodafé de 1814 n'a pas laissé d'autres renseignements sur lui, et l'archiviste Régis n'en sait pas davantage.

4º PHILIBERT, dit le Courtois «*comme il fust tousiours à l'endroit d'ung et d'aultre* »... Il périt dans la guerre entreprise par le comte

Boniface, dit le Roland, contre Charles d'Anjou, roi de Naples.

5° HUMBERT, deuxième du nom, « *moult digne fils de Philibert susdit et d'Alix...* » qui servit le comte Amé V et accompagna Philippe-le-Bel dans la guerre de Flandres en 1313.

6° CHARLES, surnommé le Franc Baron « *pour sa grande loyauté et vérité.* »

7° GEORGES, « *dict le... de ses hauts faits de guerre, vivant, en l'an 1345...* » Il est inscrit au répertoire des nobles du Faucigny, à la date du 15 juin 1345 (*Archives de Chambéry, mandement de Châtillon et Cluses, grosse de Pierre Sallanchet, folio 318, N° 62*).

8° MERMET ou Mermès, énoncé fils de Georges Ier, baron de Contamine, dans une charte d'Amé VII, comte de Savoie, du 24 novembre 1384, « par laquelle ce prince lui donna l'investiture d'une Maison forte, avec ses dépendances et droits féodaux, qu'il tenait au lieu de Contamine, province de Faucigny (*Registre de Gilles Durel, folio 10, aux Archives de la Chambre des Comptes de Turin. Index Investitures, lettre G; N° 6*). « Ladite Maison forte, ajoute l'archiviste en chef, ancien manoir des sires de Contamine, qui existe encore (1833) porte dans les actes italiens le nom de *Casa forte.* »

L'archiviste Régis fait remarquer qu'à partir de cette époque la famille de Contamine n'a plus possédé le fief de son nom que par des investitures « bien que toutes les recherches faites jusqu'à ce jour n'aient pu procurer la découverte d'aucuns titres en vertu desquels ledit fief a été dévolu à la couronne (probablement par engagement) et s'est trouvé réuni au domaine royal. Après avoir été subséquemment tenu aussi par investiture en faveur d'autres familles, le fief de Contamine a fini par être inféodé aux Barnabites de Thonon, avec la remise de tous les titres quelconques, par le duc Amédée, le 19 mai 1699 et a été vendu sur lesdits religieux, comme bien national par le gouvernement français, lors de l'incorporation de la Savoie, devenue département du Mont-Blanc. »

***

Il y a là quelques erreurs, ou pour mieux dire une agglomération de faits trop sommairement exposés et qui mérite quelques éclaircissements. S'il n'existe aucune trace du passage de la baronnie de Contamine au domaine de la couronne, c'est que cette dévolution fut la conséquence de l'acquisition du Faucigny par la Maison de Savoie. En 1243, Béatrice de Savoie, fille de Pierre de Savoie et d'Agnès de Faucigny, avait épousé Guigues VII, comte d'Albon, dauphin du Viennois. Celui-ci reçut par héritage le Faucigny à la mort de ses beaux-parents. En 1304, le mandement passa à Hugues, fils de Humbert de la Tour-du-Pin et gendre de Guigues VII ; cinquante ans plus tard, à la suite du traité conclu à Paris entre le roi de France et le comte Amédée VI, après la victoire des Adrets, traité qui fut sanctionné par le mariage de ce prince avec Bonne de Bourbon, le Faucigny revint tout entier à la maison de Savoie, sauf les mandements de Chamonix, de Montjoie et de Charousse, qui s'insurgèrent et ne purent être réduits que l'année suivante. En même temps que cette acquisition avait lieu, les barons de Faucigny, dont les États s'étendaient chaque jour, abandonnaient leur château devenu trop petit et qui fut transformé en maison de justice, avant d'être définitivement délaissé comme trop coûteux à entretenir et trop éloigné pour les justiciables. Ce remaniement administratif supprimait la féodalité dans la région. Les liens qui rattachaient la baronnie de Contamine et les autres du même mandement à la baronnie centrale du Faucigny, tombaient d'eux-mêmes et ces terres se rattachaient directement à la couronne. C'est ce qui explique que, dès 1384, le système de l'investiture, par les comtes de Savoie, ait succédé à la possession héréditaire des fiefs par leurs tenanciers habituels.

D'après le rôle d'inscriptions des nobles de la province du Faucigny, conservé aux Archives de la Chambre des Comptes de Turin

(*Inventaire des revenus du pays du Valais, vol.* 69, *folio* 82), Hugonet de Contamine quitta la baronnie de ses pères vers 1394, pour occuper la charge de châtelain de Martigny en Valais. Le compte-rendu de sa gestion figure aux archives de Chambéry. Cette charge de châtelain correspondait en quelque sorte au rang d'un baron, puisqu'elle conférait à celui qui l'exerçait, les mêmes attributions militaires. Georges II, fils d'Hugonet, « *dict le Sauvage, de ce qu'il n'estoit nullement courtois avec aulcun et passoit le temps à courre les bestes fauves par monts et par vaux* », également inscrit au répertoire des nobles de Faucigny. (*Arch. de Chambéry, mandement de Bonneville, grosse de François Justinien fol.* 229, *N°* 3) figure dans le « Registre des princes, marquis, comtes, barons, bannerets et autres gentilshommes féaux de Monseigneur le duc de Savoie, qui prêtèrent hommage audit duc par bailliage, en 1340 » et reproduit par Caprée, dans son *Traité historique de la Chambre des Comptes de Savoie*. Cependant il n'est fait mention d'aucune investiture en sa faveur. Par contre son fils François, reçut à son tour, le 11 avril 1464, celle de la Maison forte de Contamine, ainsi que de tous les autres fiefs qu'il tenait dans le Faucigny et le Génevois (*Archives de Cour, Registre Martin Gaillard,* 1463-1464, *folio* 149, *titres d'investitures*). Même chose, le 7 février 1492 pour François, deuxième du nom, qui rend hommage à Blanche de Bourbon, duchesse de Savoie (*Arch. de Chambéry, mandement de Châtillon, grosse de François Bunquil, fol.* 388, *N°* 76 ; *arch. de Cour Richard, tome III, p.* 27 ; *arch. de la Chambre des Comptes de Savoie. Investitures, lettre F, au mot Faucigny, N°* 842 *recto*). Enfin, en 1508, les trois fils de François II, Claude, Maurice-Louis et Claude-Maurice, prêtent serment de fidélité au duc Charles III. A partir de ce moment il n'est plus question d'investiture ; la baronnie disparaît en tant que fief et Contamine-sur-Arve devient une commune dépendant du prieuré de Sainte-Marie et des abbés commandataires.

En 1598, lorsqu'après le rétablissement du catholicisme dans le Chablais, le pape Clément VII et le duc de Savoie, Charles-Emmanuel, décidèrent de créer à Thonon la Sainte-Maison, destinée à répandre et à protéger la religion, ils lui attribuèrent les revenus de plusieurs abbayes ; parmi ces revenus figuraient ceux de la mense commandatrice de Contamine-sur-Arve, qui s'élevaient à 8 ou 10 000 livres ; mais les prébendes monacales, estimées à 60 000 livres étaient réservées. La raison de cette exception était que le prieuré conventuel de Sainte-Marie jouissait d'une grande considération dans la province de Faucigny « tant par les offices et bons exemples des religieux, que par le soulagement que recevaient les familles de trouver un établissement pour ceux qui voulaient prendre le parti du cloître ». (*Répertoire Rossill. p.* 31, *cité par Lavanchy : La Sainte Maison de Thonon.*)

Vingt et un ans après, la Sainte-Maison ayant besoin de revenus plus abondants, Charles-Emmanuel s'avisa que le couvent avait été dévasté par les Génevois et en prit prétexte pour y supprimer la vie monacale et rapporter aux Barnabites les prébendes individuelles :

« ... Ledit prieuré, écrivait-il, dans ses édifices et ses construc-
« tions, est dans un tel état de ruine qu'il ne possède plus ni cloître,
« ni chambres, ni cellules et qu'il n'y a plus que les vestiges des
« cellules d'autrefois ; c'est pour cela que les moines ont pris l'habi-
« tude de vivre hors de l'enceinte du couvent, séparés les uns des
« autres, dans les maisons de leurs proches parents, de leurs alliés
« ou même d'étrangers, sans règle, sans discipline, sans observance ;
« et il n'y a plus d'espoir que la discipline monastique puisse y être
« rétablie ; bien plus, il y a à craindre que cet état ne devienne
« pire encore et que le couvent ne soit peut-être détruit de fond
« en comble... » (*Répertoire Rossil, p.* 145 *cité par Lavanchy : La Sainte Maison de Thonon.*)

Enfin, en 1699, Victor-Amédée II, dont les finances se trouvaient épuisées par la guerre contre l'Espagne et par la guerre précédente, mit aux enchères l'ancien mandement de Faucigny. La vente eut lieu à la chandelle, le 13 janvier, en l'office du procureur fiscal de Chambéry, Claude-François Famel, sur une mise à prix de 40 000 florins, monnaie de Savoie. Les Barnabites de Thonon, qui en possédaient déjà l'usufruit, s'en rendirent acquéreurs. (*Cour d'Appel de Turin, patente N° 56, 1690-1702.*) Le Conseil de la commune de

Contamine avait emprunté aux Barnabites, en 1690, une somme de 1 400 florins, moyennant 70 florins de cense annuelle; il se montra très ému à la nouvelle de la mise en vente du mandement. Les notables se cotisèrent pour réunir la somme nécessaire à l'extinction de la dette et au rachat de la terre et des offices. Ils firent dresser par le notaire Dupra une procuration pour miser ; mais la vente devant se faire en bloc, ils furent écartés des enchères.

Ils prirent leur revanche en 1786. En vertu de la loi du 20 janvier 1762, autorisant l'affranchissement des taillables, ils purent enfin se soustraire à la tutelle des Barnabites, en rachetant leurs terres et biens pour une somme de 15 470 livres. Dans ce chiffre le fief du château comptait pour 550 livres. Le rachat eut lieu le 5 mai 1786 (*Archives Communales — F. Bouchage : le Prieuré de Sainte-Marie de Contamine*). Il ne restait donc plus rien à vendre, comme bien national, sur l'ancienne baronnie, à l'époque de la Révolution.

*_**

Telle est, brièvement résumée, l'histoire de Contamine-sur Arve. Quant aux barons de Contamine, qu'il nous soit permis de dire encore quelques mots sur eux.

A partir du moment où l'investiture de leur ancien fief leur échappa, ils passèrent au service de la France, qu'ils avaient toujours servie lorsque l'occasion s'en était présentée, avec Louis-le-Jeune et Philippe-Auguste aux croisades, avec Philippe de Valois contre Édouard III, roi d'Angleterre en 1337, etc... (*V. Compte des Guerres — Supplément français — Registre 2341, folios 134 et suivant, compte de Mermet de Contamine et de trois écuyers, du 24 mai au 27 septembre 1340*). Ce passage s'opéra en la personne de Claude, fils aîné de François II, « *dict en plusieurs lieux le comte Claude. Il fut tué en la guerre du duc Charles-Emmanuel contre les François, commandés par Lesdiguières, auquel il s'adjoignit par l'ancienne propension de sa famille envers la France.* » (Description de Titres.) Il avait épousé Anne-Marie de la Tour, d'une localité voisine de ce nom, dont l'histoire reste aussi à écrire, car on ne possède aucun document ni sur l'endroit, ni sur la famille. Joanne dit seulement, dans son *Dictionnaire géographique et administratif de la France :* « Cette colline tire son nom d'une tour féodale qui la couronnait jadis, sur l'emplacement de laquelle s'élève une chapelle gothique moderne, entourée d'un calvaire. Ce donjon fut le berceau des seigneurs de la Tour qui formaient, comme ceux de Saint-Joire et de Lucinge, une branche cadette de l'antique et puissante maison de Faucigny. »

Maurice de Contamine, fils de Claude, « *dict le Pèlerin pour avoir visité force païs estrangiers au tems de la contagion* », sortit de Savoie en 1564, lors des ravages causés dans le pays par la peste et qui, selon Caprée, obligèrent la Chambre des Comptes à se transporter de Chambéry à Aix. Il séjourna dans le Dauphiné, où il épousa Anne-Éléonore du Guers de Montrozier et semble s'être fixé à Feissons-sous-Salins, où l'on retrouve la famille à partir de 1658, date à laquelle commencent les registres paroissiaux.

A la fin du XVIIe siècle, les deux fils de François de Contamine, troisième du nom et chef de la branche aînée, quittèrent définitivement la Savoie. Le cadet, Joseph, s'établit à Lille, puis au Quesnoy, où il mourut en 1754, laissant une nombreuse postérité. L'aîné, Bon, porté à Givet par les hasards de la guerre, s'y maria et devint bourgmestre de la ville. Il fut l'aïeul des généraux Gédéon et Théodore de Contamine dont nous avons parlé plus haut, et de leurs frères Gérard et Auguste, tous deux colonels, l'un à l'armée des princes, l'autre à l'armée de Napoléon. Cette branche s'est éteinte en 1888 dans la personne du général Charles-Pierre-Amédée de Contamine, fils du général Théodore, qui commandait à Rennes la 19e division du 10e corps d'armée.

Les descendants des barons de Contamine, soucieux de marcher sur les traces de leurs pères, ont toujours suivi la carrière des armes. Depuis leur entrée au service de la France jusqu'au règne de Louis XVIII, ils ont été représentés sans interruption, au moins par l'un des leurs, dans les gardes des corps des rois et ont participé, revêtus de grades divers, à tous les grands événements militaires de ces trois derniers siècles. Mais à travers leurs migrations, leurs vicissitudes et leurs changements de fortune, ils n'ont jamais oublié leur origine ; et l'on retrouve dans leurs actions, leurs écrits et leurs paroles, la fierté d'être issus de la vieille terre savoisienne, à laquelle l'auteur de ces lignes envoie ici son salut respectueux et l'hommage de son ardente sympathie.

IMP. KAPP, PARIS

www.ingramcontent.com/pod-product-compliance
Lightning Source LLC
Chambersburg PA
CBHW071439060426
42450CB00009BA/2244